BEI GRIN MACHT SICH IHR WISSEN BEZAHLT

AF143547

- Wir veröffentlichen Ihre Hausarbeit,
  Bachelor- und Masterarbeit

- Ihr eigenes eBook und Buch -
  weltweit in allen wichtigen Shops

- Verdienen Sie an jedem Verkauf

Jetzt bei www.GRIN.com hochladen
und kostenlos publizieren

Bibliografische Information der Deutschen Nationalbibliothek:

Die Deutsche Bibliothek verzeichnet diese Publikation in der Deutschen National-bibliografie; detaillierte bibliografische Daten sind im Internet über http://dnb.d-nb.de/ abrufbar.

Impressum:

Copyright © 2017 GRIN Verlag, Open Publishing GmbH
Druck und Bindung: Books on Demand GmbH, Norderstedt Germany
ISBN: 9783668455696

Dieses Buch bei GRIN:

http://www.grin.com/de/e-book/366708/grundlegende-wirkungsweisen-des-marke-tings

Mike G.

Grundlegende Wirkungsweisen des Marketings

Eine Zusammenfassung

GRIN Verlag

GRIN - Your knowledge has value

Der GRIN Verlag publiziert seit 1998 wissenschaftliche Arbeiten von Studenten, Hochschullehrern und anderen Akademikern als eBook und gedrucktes Buch. Die Verlagswebsite www.grin.com ist die ideale Plattform zur Veröffentlichung von Hausarbeiten, Abschlussarbeiten, wissenschaftlichen Aufsätzen, Dissertationen und Fachbüchern.

Besuchen Sie uns im Internet:

http://www.grin.com/

http://www.facebook.com/grincom

http://www.twitter.com/grin_com

Grundlagen des Marketing[1]

Jeden Tag werden wir mit Werbung konfrontiert: Sei es das neue Fast-Food Restaurant in Ihrer Nähe oder auch die revolutionäre neue Innovation ohne jene wir nicht leben könnten. Doch was genau steckt hinter all diesen Werbebotschaften? Wieso sind nicht alle Werbesendungen so lustig und informativ wie jene, welche Ihnen besonders gefällt? Mit diesen und vielen weiteren Themen beschäftigt sich das Marketing; dabei ist Werbung nur ein winzig kleiner Bruchteil der gesamten Überlegungen einer Marketing Abteilung in großen Unternehmen. Im Folgenden werden die wichtigsten Aufgabenbereiche und Überlegungen sowie Gedankengänge im Marketing offen gelegt und versucht Ihnen näher zu bringen.

Inhaltsverzeichnis

---

1 https://upload.wikimedia.org/wikipedia/commons/d/d4/Astore_Marketing_Plan.jpg

Grundlagen[2]

- Marketing befasst sich mit Fragestellungen rund um die Produktherstellung, Kundenwünsche, Zielgruppe, Segment, Verkaufspreis und Vertriebskanäle.
- Marketing bedeutet, dass das Unternehmen gemäß des Marktes bzw. der Kundenwünsche handelt.

(1) Strategisches Marketing[3].

- Langfristige Fragestellungen und Entscheidungen des Marketing bzgl. Marketingziele, Marktbearbeitungsform, Wettbewerbs- und Wachstumsstrategien, Positionierung und Festlegung des UPS.

· (1.1) Marketingziele[4].

- Ziele des Unternehmens, welche durch das Marketing verwirklicht werden können, sollten auch überprüfbar formuliert werden (SMART-Regeln).
- Mögliche Marketingziele.
  - Produkt- bzw. Markteinführung.
  - Umsatzsteigerung von Produkten, Produktgruppen oder des Sortiments.
  - Ausweitung der Marktanteile.
  - Verbesserung des Unternehmensimages.
  - Optimierung des Kundenservices.
  - Durchsetzung von Preiserhöhungen.
  - Höhere Positionierung eines Produktes.
- Unterscheidung in strategische (langfristige) und operative (kurzfristige) Marketingziele.

· (1.2) Käufer- und Verkäufermarkt[5].

- Begriffe beschreiben die (mächtigere) Position des Käufers oder Verkäufers.

---

2 http://www.welt-der-bwl.de/Marketing
3 http://www.welt-der-bwl.de/Strategisches-Marketing
4 http://www.welt-der-bwl.de/Marketingziele
5 http://www.welt-der-bwl.de/K%C3%A4ufermarkt-Verk%C3%A4ufermarkt

- **Käufermarkt** beschreibt einen Angebotsüberhang, da es viele Anbieter gibt und die Nachfrager sich entsprechend das billigste oder qualitativ hochwertigste Produkt aussuchen können, Wettbewerb bestimmt den Verkaufspreis.
- **Verkäufermarkt** beschreibt einen Nachfrageüberhang, da es nur eine geringe Auflage gibt (z.b: Karten eines begehrten Fußballspiels), welche entsprechend hoch nachgefragt ist, Preis bestimmt der Verkäufer.

- **(1.3) Marktforschung[6].**
- Analyse der Informationen über Absatzmärkte und Wettbewerb anhand der Marketingziele.
- Zufriedenheit der Kunden, eigene Marktanteile, Marktpotential, Marktvolumen, Konkurrenz sowie Bekanntheitsgrad des Unternehmens wird erforscht.
- Informationen sind gemäß der erhobenen Fragestellungen zu sammeln, z.B, Marktanalysen von Beratungs- oder Stichprobenerhebungen von Marktforschungsinstituten.
- **Primärmarktforschung**: field research, unternehmenseigene, repräsentative Kundenbefragung.
- **Sekundärmarktforschung**: desk research, Unternehmen greift auf vorhandene Daten zurück (öffentliche (amtliche Statistiken) oder käufliche (Marktforschungsinstitute)).[7]

---

6 http://www.welt-der-bwl.de/Marktforschung
7 Image Source: http://www.marketing.ch/portals/0/Wissen/Themen/Marktforschung/Marktforschung.png

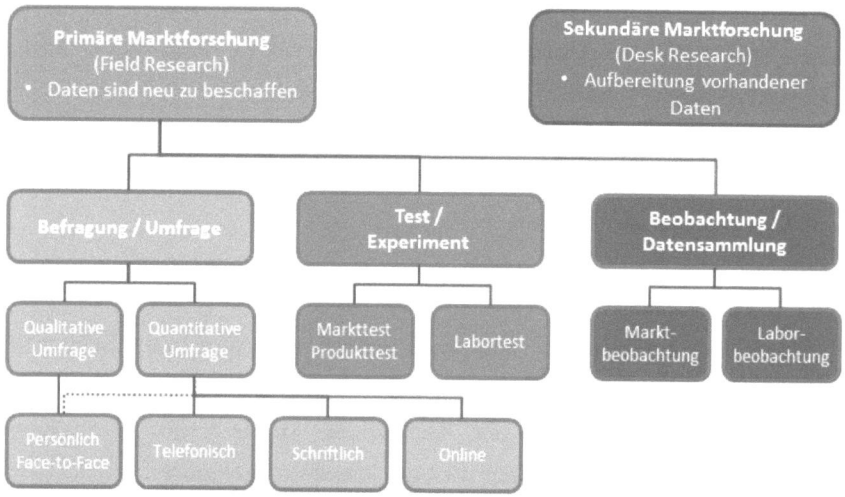

- (1.4) **Marktpotential**[8] **und Marktvolumen**[9].
  - Marktpotential beschreibt theoretische Höchstabsatzmenge eines Produktes an eine gewisse Zielgruppe.
  - Unterscheidung in Marktpotential und tatsächlichem Marktvolumen, welche sich i.d.R. nicht entsprechen, sondern das Marktpotential i.d.R. höher angesetzt ist.
  - Marketing könnte Marktpotential und Marktvolumen näher aneinander bringen, jedoch nur bis zu einer gewissen Grenze.
  - Das **Marktvolumen** beschreibt nämlich den gesamt getätigten Absatz eines Produktes, welcher in Menge, Masse, Stück oder Mengeneinheit gemessen wird.
  - Geographische und segmentarische Abgrenzung des Marktes.

- (1.5) **Branchenstrukturanalyse // Five-Forces-Model nach Michael E. Porter**[10].
  - Fünf Kräfte bestimmen die Attraktivität eines Unternehmens, indirekt auch die Rentabilität eines Unternehmens.
  - **(1) Rivalität.**

---

8   http://www.welt-der-bwl.de/Marktpotenzial
9   http://www.welt-der-bwl.de/Marktvolumen
10 http://www.welt-der-bwl.de/Branchenstrukturanalyse

- Höhe der Wettbewerbsintensität, Konkurrenzverhalten, Macht der Konkurrenten, Marktwachstum (wenn nur wenig, dann muss Umsatz zu Lasten der Wettbewerber erkämpft werden).

- **(2) Bedrohung durch Markteintritt neuer Konkurrenten.**

- Markteintrittsbarrieren, Chancen für ein start-up.

- **(3) Verhandlungsmacht der Kunden.**

- Mögliches Nachfragemonopol, Preissensibilität der Kunden, Wechselbarrieren (wie einfach Kunden von einen Anbieter an den nächsten Wechseln können, z.B. Pharmaindustrie).

- **(4) Verhandlungsmacht der Lieferanten.**

- Mögliches Angebotsmonopol, Abhängigkeit zu den Lieferanten (kritische Ressourcen).

- **(5) Mögliche Substitutionsgüter.**

- Innovationsfähigkeit der Konkurrenz, Mee-too Strategie.

=> Je stärker die fünf Kräfte sind, desto schwieriger ist es in solchen Märkten Fuß zu fassen.[11]

---

11 Image Source: http://businessmodelcreativity.net/wp-content/uploads/5forcesAgeOfCustomer.png

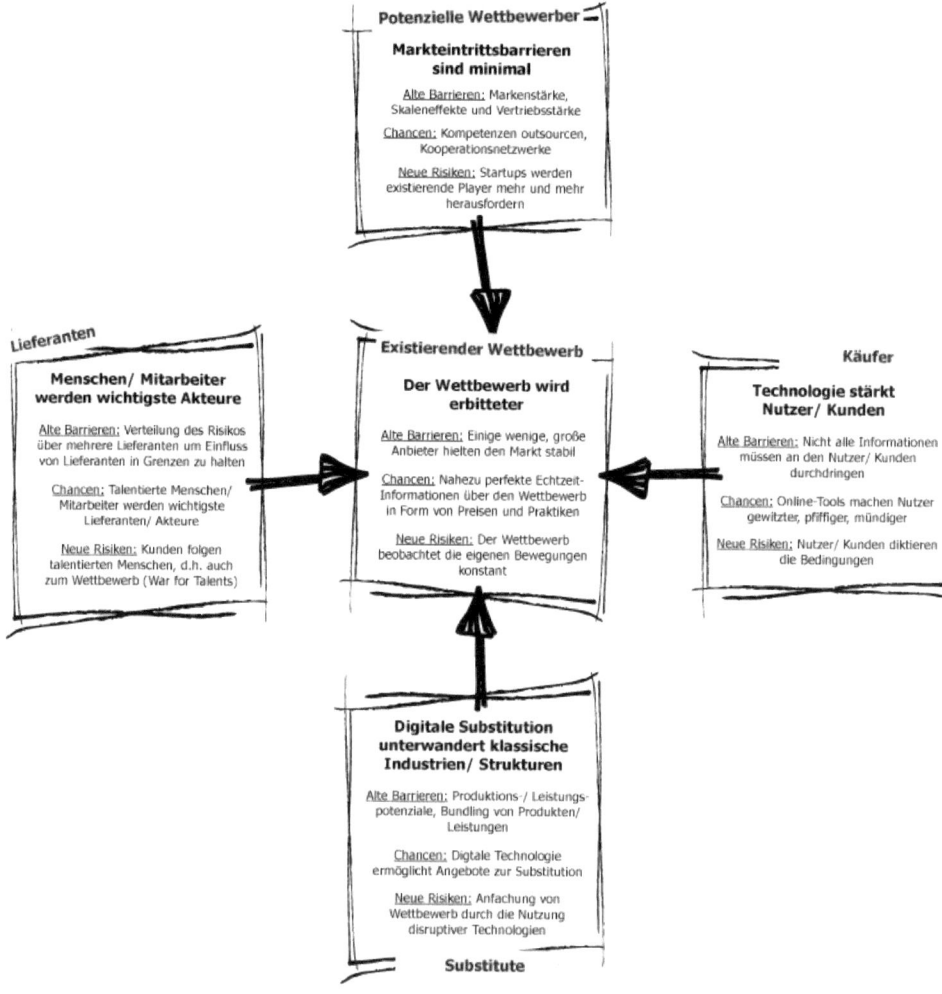

- **(1.5.1) Markteintrittsbarrieren[12].**
  - Zu überwindende Hindernisse, wenn man auf einem Markt Fuß fassen möchte.
    - (1) Hoher Kapitalbedarf (Phase von Unternehmensgründung bis zum ersten Gewinn muss finanziert werden).
    - (2) Zugangsbeschränkungen (Lizenzen, Patente, Meistertitel).

---

12 http://www.welt-der-bwl.de/Markteintrittsbarrieren

- (3) Markenbekanntheit der Konkurrenten (Sättigung des Marktes mit bekannten, qualitativ hochwertigen, beliebten Marken).
- (4) Konkurrentengröße (Economies of Scale).
- (5) Politische Zugangsbeschränkungen / staatliche Regulierungen (Mindestlohn macht Produktion zu unrentabel).

=> Bereits vertretene Unternehmen werden durch Markteintrittsbarrieren geschützt.

- **(1.6) Die SWOT – Analyse[13].**
  - Stärken und Schwächen eines Unternehmens sowie die Chancen und Bedrohungen der Umwelt werden analysiert um Unternehmensstrategien auszuarbeiten.
  - Wird bei einem Business Plan, für Unternehmenskaufentscheidungen oder für die Marketing Positionierung erstellt.
  - Vergleich von externen Aspekten (Trends und neue Technologien) mit internen (Produktqualität, Kostenstruktur).
  - Einzelne Schwächen der Umwelt können theoretisch auch als Stärken des Unternehmens genutzt werden.

- **(1.7) Produkt-Markt-Matrix // Ansoff-Matrix[14].**
  - Beide Dimensionen Markt und Produkt werden jeweils in „alt" und „neu" unterteilt und kombiniert, woraus sich Strategien ableiten lassen können.
  - (1) **Marktdurchdringung**: Alte Produkte auf dem alten Markt nur durch Marketingoffensive o.ä. weiterhin verkaufbar.
  - (2) **Marktentwicklung**: Alte Produkte werden auf einem neuen Markt angeboten (meist NIC-Staaten) um neue Zielgruppen zu erschließen und neuen Absatz zu ermöglichen.
  - (3) **Produktentwicklung**: Neue Produkte (Produktinnovationen oder -variationen) werden auf dem alten Markt angeboten, sodass dieser nicht mehr bzw. weniger gesättigt ist als vorher.
  - (4) **Diversifikation**: Neue Produkte werden auf völlig neuen Märkten angeboten, hohes Risiko aber auch Chance auf höhere Gewinne (ggf. First-Mover-Advantage in

13 http://www.welt-der-bwl.de/SWOT-Analyse
14 http://www.welt-der-bwl.de/Produkt-Markt-Matrix

dem Land / Region).[15] [16]

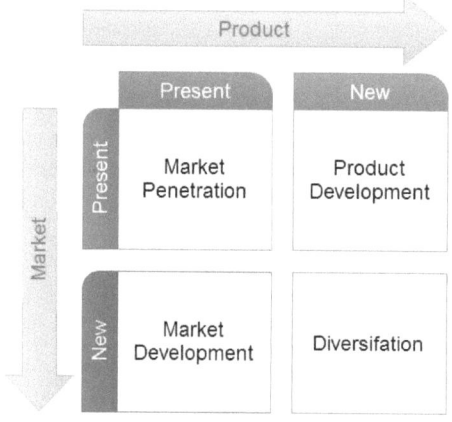

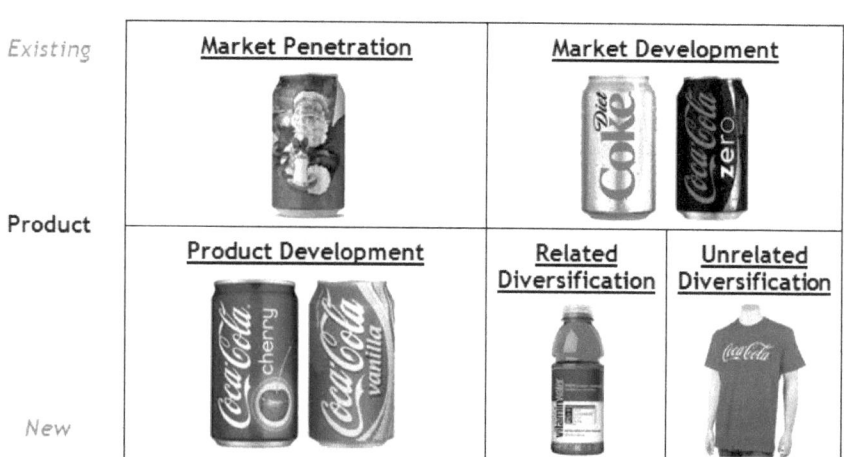

- **(1.8) Marktsegmentierung[17].**

  ◦ Unterteilung des Marktes in Kundengruppen um diese effizienter ansprechen zu können.

---

15 Image Source: https://www.edrawsoft.com/images/circular/ansoff-matrix-template.png

16 Image Source: https://themarketingagenda.files.wordpress.com/2015/03/ansoff-matrix-cola-cola.png?w=700

17 http://www.welt-der-bwl.de/Marktsegmentierung

- Demographische Unterteilung: Alter, Geschlecht, Wohnort, Familienstand.
- Sozioökonomische Unterteilung: Einkommen, Bildungsstand, Kaufkraft, Beruf.
- Geografische Unterteilung: Bayern, Norddeutschland, Großstadt, Dorf.
- Psychographische Unterteilung: Lebensstil, persönliche Einstellung und Haltung.
- Unterteilung gemäß dem Kaufverhalten: Markentreue, Preisverhalten, Konsumfreude.
- => Marktsegmentierung wird meist noch weiter untergliedert.

- **(1.9) Wettbewerbsstrategie nach Michael E. Porter[18].**
- Es gibt drei große Strategien für Unternehmen, welche einen nachhaltigen Wettbewerbsvorteil sichern.
- (1) **Kostenführerschaft**: Strategie des geringsten Preises auf dem Markt.
- Gewinnung von höheren Marktanteilen und Absätzen durch günstigste Preise.
- Niedrige Kosten stellen Markteintrittsbarrieren dar und schützen ein Unternehmen sowohl vor neuen Konkurrenten als auch vor Substituten.
- **Maßnahmen** zur Kostenreduktion: günstige Fertigung und Organisation, Economies of Scale, Standardisierung der Produktion, strenges Kosten-Controlling, tendenziell weniger Werbung.
- (2) **Differenzierungsstrategie**: Sich von anderen durch Qualität / Innovationen abheben.
- Einzigartige Wahrnehmung der Produkte rechtfertigt höhere Preise am Markt.
- **Maßnahmen**: Hohe Qualität, gutes Design, innovative bzw. einzigartige Technologie, Imagetransfer, zuverlässiger Kundenservice, individuelle Anpassung.
- **Nachteile**: Qualität muss eingehalten und stetig optimiert werden, keine hohen Marktanteile zu erwarten, sodass Preise entsprechend hoch sein müssen.
- (3) **Nischenstrategie**: Marktsegmentierung und innerhalb einer Nische situativ für 1. oder 2. entscheiden.
- Nische kann aus bestimmten Kundengruppen, Regionen oder speziellen Produkten bestehen.
- Technische Spezialisierung und zielgerichteteres Marketing möglich, jedoch keine Economies of Scale, begrenztes Umsatzpotential, hohes Risiko (wenn eine Nische

---

18 http://www.welt-der-bwl.de/Wettbewerbsstrategie

9

ausfällt, keine Abweichung auf andere Bereiche möglich).

- Wenn Unternehmen sich nicht konsequent für eine der drei Strategien entscheiden, werden sie nicht lange bestehen können.

- Wahl der Wettbewerbsstrategie beeinflusst gesamte Unternehmenskultur und Organisationsstrukturen.

- Es ist jedoch möglich **hybride Wettbewerbsstrategien** zu verfolgen, z.B. hohe Qualität zu niedrigen Preisen anzubieten (Bsp Samsung: Produkte mit Apple-Qualität werden zu der Hälfte der Apple-Kosten angeboten).

- **(1.10) Strategische Geschäftsfelder**[19].

- Große Unternehmen und Konzerne teilen ihr Geschäft in mehrere Geschäftsfelder auf um unterschiedliche Strategien zu wählen.

- Unterteilung eines PKW-Unternehmens in eine Bus- und eine LKW-Sparte sowie eine Sparte für Finanzdienstleistungen (Versicherung, Finanzierung).

- Nach der unternehmensinternen Definition der Geschäftsbereiche müssen strategische Geschäftseinheiten gebildet werden, deren Neuausrichtung komplex und kostenintensiv ist.

- **(1.11) Produktlebenszyklus // product life cycle (by Kotler)**[20][21].

- Erfahrungsgemäß durchlaufen alle Produkte in ihrer Lebensdauer die gleichen sieben Phasen.

- Phasen sind gekennzeichnet durch verschiedene Absatzzahlen, Umsätze, Gewinne und Marketingmaßnahmen.

- (1) **Entwicklungsphase**: Kostenintensiv und ohne Erträge.

- (2) **Einführungsphase**: steigende Umsatzerlöse, hohe Kosten für Marketing und Markteinführung.

- (3) **Wachstumsphase**: Hoher Wachstum des Umsatzes und der Marktanteile.

- (4) **Reifephase**: Umsätze steigen, Konkurrenz nimmt zu, geringes Wachstum der Marktanteile.

---

19 http://www.welt-der-bwl.de/Strategische-Gesch%C3%A4ftsfelder
20 http://www.welt-der-bwl.de/Produktlebenszyklus
21 Image Source: https://atitus707.files.wordpress.com/2013/12/plc.png

- (5) **Sättigungsphase**: Markt ist gesättigt, kein Wachstum mehr, rückläufige Gewinne, verstärkte Ausgaben im Marketingbereich für Relaunch / Facelift des Produkts.
- (6) **Degenerationsphase**: Schrumpfender Markt, Produkt wird durch neue Innovation oder Substitut ersetzt.
- (7) **Absterbephase**: Produkt ist vom Markt verschwunden.
- Einteilung gemäß der Phasen wichtig für Umsatz-Controlling und Marketing-Mix.
- Dauer der einzelnen Phasen ist produkt- und marketingabhängig.
- Viele Produkte schaffen es nie in die Wachstumsphase, einige bleiben auch scheinbar dauerhaft in der Reifephase.

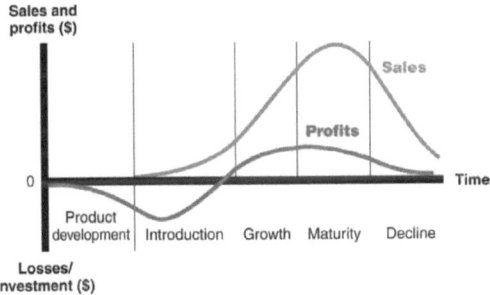

- **(1.12) Positionierung**[22].
- Positionierung der Marke, Produkte und des Unternehmens muss konsequent sein.
- Wahrnehmung der Kunden steuern und sich von der Konkurrenz abheben.
- Positionierung gemäß zwei (oder mehreren) Dimensionen, welche branchenabhängig sind.
  - z.B. Entscheidung ob Positionierung als billiger oder qualitativ hochwertiger Anbieter bzw. Kompromissbildung zwischen den beiden Dimensionen (günstige Mittelqualität).
- Innerhalb der Dimension auch noch eine Unterteilung gemäß des Ausmaßes möglich (billig oder billigster).
- **Koordinatenkreuz** veranschaulicht die eigene Positionierung und ermöglicht (einfache) Vergleiche mit der Konkurrenz.
- Positionierung beeinflusst die Produktpolitik (Attribute), Preispolitik (Einkaufspreise) und die Kommunikationspolitik (Marketing-Mix).

---

22 http://www.welt-der-bwl.de/Positionierung

- **Unique Selling Proposition (UPS)** sollte erreicht werden um dauerhaft Erfolg zu haben
- Einzigartige Eigenschaft oder Merkmal, welche die eigenen Produkte, Marke, Unternehmen von der Konkurrenz abhebt und in den Köpfen der Konsumenten verankert ist.
- Alleinstellungsmerkmal kann sich auf technische Neuerungen, neue Serviceangebote oder auch auf Regionen beziehen.
- UPS ist ein starkes Verkaufsargument, wird bei Erstellung von Business Plänen benötigt und verbessert Chancen auf eine Finanzierung für start-ups.
- Viele Unternehmen haben auch dauerhaften Erfolg ohne spezielle UPS, da Kundenwünsche individuell sind und sich wandeln.
- Zeitlicher Verfall der UPS, da Konkurrenten aufholen und die eigene Position streitig machen.

(2) Marketing Mix // 4 P-Modell[23].

- Kombination aus vier verschiedenen Marketinginstrumenten.
- Produktpolitik, Preispolitik, Kommunikationspolitik und Distributionspolitik.
- Product, Price, Promotion, Place.
- Einzelne Marketinginstrumente sind nicht immer einfach zu trennen und ergänzen einander.

(2.1) Produktpolitik[24].

- Befasst sich mit den Produkten, welche das Unternehmen anbieten soll, sowie der Ausgestaltung derer.
- Qualität, Funktionen, Design, Markenname, Markenstrategie, Varianten, Verpackung, Serviceangebote, Breite (Produktarten) und Tiefe (Variationen) des Produktprogramms.

(2.1.1) Markenstrategie.

23 http://www.welt-der-bwl.de/Marketing-Mix
24 http://www.welt-der-bwl.de/Produktpolitik

- **(I) Einzelmarken.**
- Produkte werden alle unter diversen Markennamen am Markt angeboten, Verbindung zu Konzernmutter wird versteckt.
- **Vorteile**: Spezifische Positionierung, schlechte Publicity schlägt keine großen Wellen.
- **Nachteile**: Kostenaufwand für Marketing und Administration.
- **(II) Mehrmarken.**
- Mehrere Marken für eine Produktart.
- **Vorteil**: Wettbewerber werden Marktanteile entrissen.
- **Nachteile**: Kannibalisierung (eigene Marke nimmt anderer eigenen Marke Kunden weg), hohe Marketing- und Verwaltungskosten.
- **(III) Markenfamilien / Familienmarken.**
- Eng beieinander liegende Produktarten werden unter einer Marke vertrieben.
- **Vorteile**: Geringe Marketingkosten für vergleichsweise hohen Ertrag.
- **Nachteile**: Schlechte Nachrichten (Kundenunzufriedenheit, schlechte Testergebnisse) verschlechtern Image vieler Produkte.
- **(IV) Dachmarke.**
- Traditioneller Firmenname steht hinter allen Produktarten und -gruppen.
- **Vorteile**: Bekanntheitsgrad der Marke verhilft neuen Produkten, geringe Marketingkosten.
- **Nachteile**: Imageschäden sind am schwerwiegendsten; je höher die Produktdifferenzierung, desto weniger neigen die Kunden dazu zu glauben, dass die Qualität aller Produktarten und -gruppen einheitlich (hoch) ist.

- **(2.1.2) Produktdifferenzierung und Produktdiversifikation.**
- **Produktdifferenzierung**: Auf gleichem Markt werden Produkte mit leicht unterschiedlichen Eigenschaften angeboten um mehr (neue) Kunden zu gewinnen und die Umsätze zu steigern.
- **Produktdiversifikation**: Erweiterung des Sortiments um neue Märkte zu erschließen, neue Kunden zu gewinnen oder bestehende Kunden weitere Produkte zu verkaufen.
- **Horizontale Diversifikation**: Anbieten von weiteren, ähnlichen Produkten.
- Fahrrad und E-Bike verkaufen.

13

- **Vertikale Diversifikation**: Anbieten von vor- oder nachgelagerten Wertschöpfungsstufen.
- Brot und Mehl, Eier, Milch verkaufen.
- **Laterale Diversifikation**: Anbieten von völlig anderen Produkten als die hergestellten.
- An der Tankstelle Süßigkeiten verkaufen.

- **(2.1.3) Produktelimination.**
- Herausnahme eines Produktes aus dem Sortiment.
- Gründe dafür könnten liegen in:
- Produkt ist nicht länger *konkurrenzfähig*, aus der Mode gekommen.
- Produkt ist nicht länger *rentabel* (zu teuer in der Produktion, Marktpreis ist zu sehr gesunken).
- Produkt wird nicht mehr ausreichend *nachgefragt*.
- Produkt gehört nicht mehr zum *Kerngeschäft* des Unternehmens (nach Umpositionierung).

- **(2.1.4) Produktinnovation.**
- Neue Produktarten werden auf den Markt gebracht, entweder selbst erfunden oder durch Patente / Lizenzen „zugekauft".
- Nicht unbedingt eine bahnbrechende Erfindung, neue Funktionen und Eigenschaften können durchaus ausreichend sein.
- Unterscheidung in Produktdiversifikation und Produktdifferenzierung.

- **(2.1.5) Produktvariation // Produktmodifikation.**
- Ersatz bzw. Verbesserung / Optimierung eines bereits auf dem Markt angebotenen Produkts.
- Im Gegensatz zur Produktinnovation bleibt Produkt bis auf einige Äußerlichkeiten eigentlich unverändert.
- Moderneres Design, neue Farbe, geringeres Gewicht, robustere Variante.

- **(2.2) Preispolitik[25].**
- Befasst sich mit der Frage des Preises der angebotenen Produkte / Dienstleistungen.
- Unterscheidung zwischen direkten (s.u.) und indirekten Preisaspekten (Skonto, Rabatte, Finanzierungsmöglichkeiten).
- Preisstrategien orientieren sich am Preis-Leistungs-Verhältnis und bieten oft verschiedene Leistungsumfänge an (Standard, Premium).
- Preispolitische Entscheidungen wandeln sich mit der Zeit, bedingt durch die Konkurrenz oder den Produktlebenszyklus.
- Konditionenpolitik (Zahlungsbedingungen, Kreditgewährung) und Preispolitik ergeben die **Kontrahierungspolitik.[26]**

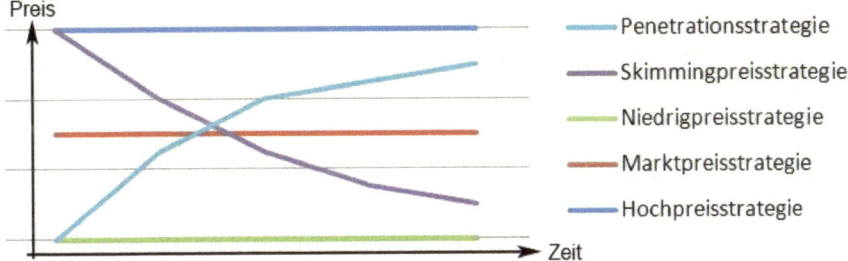

- **(2.2.1) Hochpreisstrategie.**
- Teil der Festpreisstrategie, bei welcher das Unternehmen dauerhaft Preise aus dem oberen Rand der Marktpreise verlangt.
- **Voraussetzungen** sind starke Marke, hohe Qualität, guter Kundenservice und UPS.
- **Nachteile** sind hohe Herstellungskosten, geringere Absatzmengen, geringe Economies of Scale, hohe Marketingkosten.

- **(2.2.2) Niedrigpreisstrategie.**
- Teil der Festpreisstrategie, Unternehmen verlangt dauerhaft Preise im unteren Bereich des Marktniveaus.
- Auf Massenmärkten mit starker Konkurrent soll geringer Preis die Konsumenten

25 http://www.welt-der-bwl.de/Preispolitik
26 Image Source: http://boyali.han-solo.net/wirtschafts-blogger/wp-content/uploads/Preisstrategien.png

überzeugen.

- **Voraussetzungen**: niedrige Herstellungskosten, Economies of Scale, Reduktion des Produktes auf das wesentliche.

- **(2.2.3) Penetrationsstrategie.**

- Bei Markteinführung wird ein ziemlich niedriger Preis verlangt um Markteintrittsbarrieren zu schaffen zur Schaffung eines hohen Marktanteils und -wachstums.

- Später werden Preise erhöht bzw. neue, teurere Variationen oder Produkte angeboten, wenn sich die Marke als stark erwiesen hat.

- **(2.2.4) Preisbündelung.**

- Mehrere Produkte werden in einem Leistungspaket verkauft.

- Meist sind diese zusätzlichen Leistungen „kostenlos", was bedeutet, dass sie im Paketpreis bereits berücksichtigt wurden.

- Trotzdem ist Paketpreis günstiger als Summe der Einzelleistungen, Unternehmen verkauft mehr Produkte und bietet Kunden einen Komfortvorteil.

- **(2.2.5) Preisdifferenzierung.**

- Anbieten gleicher Produkte zu unterschiedlichen Preisen um unterschiedlicher Zahlungsbereitschaft und Budget der Kunden entgegenzukommen.

- **(I) Räumliche Preisdifferenzierung.**

- Benzinpreise in ganz Deutschland sind nicht einheitlich, sondern an regionale Kaufkraft angepasst.

- Bei beweglichen Gütern wird diese Preisdifferenzierung nicht angewandt, da man mittels Internet u.ä. die räumliche Differenz leicht umgehen kann.

- **(II) Zeitliche Preisdifferenzierung.**

- Frühbucherrabatte, Last-Minute-Käufe, Sommerschlussverkauf, Happy Hour.

- **(III) Personale Preisdifferenzierung.**

- Studentenrabatte, Schüler-Monatskarten, Kundenkartenbesitzer, günstige

Versicherungen für Beamte.

- **(IV) Mengenmäßige Preisdifferenzierung.**
- Mengenrabatte.
- **(V) Preisdifferenzierung gemäß des Absatzweges.**
- Bier beim Discounter kostet weniger als im Fachhandel mit anderer Verpackung.
- **(VI) Sachliche Produktdifferenzierung.**
- Je nach Verwendungszweck, Spiritus ist billiger als Wodka.
- **(VII) Leistungsbezogene Produktdifferenzierung.**
- Unterschiedliche Leistungspakete mit nahezu gleichem Inhalt werden zu unterschiedlich hohen Preisen angeboten (Gold-, Silber- und Bronzekreditkarten).

- **(2.2.6) Skimming Strategie // Abschöpfungsstrategie.**
- Unternehmen verlangt bei Produkteinführung hohe Preise und senkt diese im Lauf der Zeit.
- „Abschöpfung" derjenigen Kunden, welche z.b. ein neues technisches Produkt unbedingt als erstes besitzen möchten und dementsprechend viel Geld dafür auszugeben bereit sind.
- Anschließend werden die Preise gesenkt, sodass die Zielgruppe erweitert wird.
- **Voraussetzungen:** Hohe Qualität, starke Marke, nicht allzu hohe Selbstkosten.
- **Nachteile:** Hohes Risiko, dass Konkurrenz schnell billigere Substitute einführt und Kundenstämme wegnimmt.

- **(2.3) Kommunikationspolitik[27].**
- Beschäftigt sich mit den verschiedenen Werbemethoden um die Kunden über das neue Produkt zu informieren.
- Instrumente der Kommunikationspolitik werden im folgenden erläutert.[28]

---

27 http://www.welt-der-bwl.de/Kommunikationspolitik
28 Image Source: http://produktmanager.biz/marketing/lib/exe/fetch.php?media=marketing:kommunikationspolitik.png

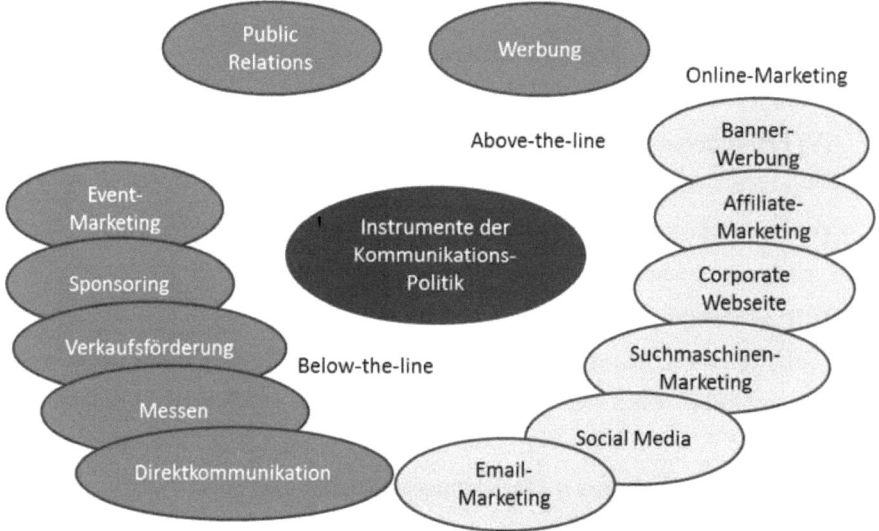

- **(2.3.1) (klassische) Werbung // above the line-Kommunikation.**
  - Sichtbarster Teil des Marketing, Bekanntmachen der Produkte und Anregung der Zielgruppen zum Kauf.
  - Festlegung der Werbebotschaft, Werbeträger und Werbemittel, welche genau auf das Produkt und die Zielgruppe abgestimmt werden müssen.
  - Bei Absatzwerbung stehen die Produkte im Vordergrund, bei der Imagewerbung das Unternehmen.

- **(2.3.1.1) AIDA-Konzept.**
  - Beschreibt den idealtypischen Aufbau einer Werbung, um den größtmöglichen Nutzen zu erzielen.
  - Attention, Interest, Desire und Action soll die Werbung vermitteln.
  - Aufmerksamkeit wecken durch auffallende Schriftgrößen bzw. -farben oder Photos.
  - Interesse durch neugierig machende Fragestellung oder direkten Einbezug des Kunden wecken.
  - Kaufwunsch durch Aufzählung der Vorteile herbeiführen.

- Kaufhandlung anregen indem auf Preis oder Verkaufsstätten hingewiesen wird.

- **(2.3.1.2) Virales Marketing.**
  - Mund-zu-Mund-Propaganda über das Internet.
  - Soziale Plattformen, Internetforen etc. werden genutzt um sich über besonders ansprechende, unterhaltsame oder lustige Werbung auszutauschen.
  - Kunden kennen eigenen Freundeskreis besser als jede Marktstudie, deshalb ist virales Marketing so erfolgreich.
  - Durch strategisch platzierte Hashtags o.ä. wird die Marke im Internet bekannt und verbreitet.

- **(2.3.2) Verkaufsförderung.**
  - Verkaufsförderungsmaßnahmen sollen kurzzeitig den Absatz durch bestimmte Aktionen erhöhen.
  - Anregung der Kunden zum Einkauf (Sonderrabatte, Treueaktionen) oder der Mitarbeiter zum Verkauf (Mitarbeiter des Monats).
  - Kunde soll am Point of Sale unmittelbar zum Kauf überzeugt werden, kein mittel- oder langfristiges Interesse.
  - Maßnahmen: Prämienvereinbarungen mit dem Handel (bei bestimmten Umsatz), Werbekostenzuschüsse, Präsentationen, Verteilung von Warenproben, Aufbau von Extra-Verkaufsständen, Gutscheine, Gewinnspiele.

- **(2.3.3) Direktmarketing.**
  - Unternehmen nimmt direkten Kontakt zum Kunden (Mail, Telefon, Internet) auf.
  - Gezieltes Ansprechen der Zielgruppe, Kunden sollen langfristig am Unternehmen gebunden werden.
  - Newsletter, Gewinnspiele oder Einladungen für Produktvorstellungen.

- **(2.3.4) Öffentlichkeitsarbeit // Public Relations.**
  - Öffentlichkeit soll das Unternehmen kennenlernen und positive Erfahrungen damit

sammeln.

- Soll nicht den Absatz einer Produktart erhöhen, sondern die gesamte Produktpalette vor dem Kunden seriöser wirken lassen (emotionales Envolvement).
- Öffentlichkeitsarbeit richtet sich nicht nur an Kunden, sondern auch an Arbeitnehmer, Umwelt- und Verbraucherschutz, Investoren etc.
- Viele Methoden sein Unternehmen in der Öffentlichkeit präsent zu halten.
- Spenden für Bildungseinrichtungen oder die Wohlfahrt, Pressearbeit, Teilnahme an Diskussionsrunden, Tage der offenen Tür etc..

- **(2.3.5) Persönlicher Verkauf.**
- Persönliche Beratung eines Verkäufers in einer Niederlassung bzgl eines Wunschproduktes.
- Notwendig bei beratungsintensiven, erklärungsbedürftigen Produkten / Dienstleistungen.
- Üblich bei business-to-business-Verkäufen zwischen zwei Unternehmen.

- **(2.3.6) Sponsoring.**
- Unternehmen – und somit auch die gesamte Produktpalette – sollen in Verbindung mit den Wertes des Gesponserten gebracht werden.
- Sponsorings sollten zur Zielgruppe und Image des Unternehmens passen.
- Risiko, dass Gesponserte das Image nicht (korrekt) erbringen oder dem Unternehmen sogar schaden.

- **(2.3.7) Product Placement.**
- Platzierung von Produkten in ausgewählten Filmen, Serien oder Shows, damit im Zuschauer das Bedürfnis geweckt wird, ebenfalls ein solches Produkt haben zu müssen.
- → Imagetransfer mit dem Helden.
- Kinofilme sind international ausgerichtet, sprechen dementsprechend einen großen Markt an, deshalb sollten Produkte auch in möglichst vielen Ländern verfügbar sein.
- Zuschauer verfolgen Film intensiver als störende Werbung, welche man überspringen

kann.

- Kosten für das Product Placement sind abhängig von Medienreichweite des Filmes, Popularität und Verhandlungspositionen.
- Meist bestehen Product Placements in kostenlosen zur Verfügung Stellung der Waren.
- Ebenso können Orte, Regionen, Länder oder Einrichtungen beworben werden.

- **(2.3.8) Corporate Identity.**
- Einheitliches Erscheinungsbild und konsistenter Auftritt am Markt.
- Umfasst das Logo, Unternehmensfarben, Schriftart und Bildsprache der Werbung, Lieferflotte des Unternehmens, Uniformen der Mitarbeiter.
- → Corporate Design.
- Zusätzlich zum Corporate Design auch noch konsistentes Unternehmensverhalten (Corporate Behaviour) und Unternehmenskommunikation (Corporate Communication).

- **(2.3.9) Multi-Channel-Marketing.**
- Kunden werden auf verschiedenen Kanälen angesprochen (TV, Internet und Printmedien).
- Multi-Channel-Vertrieb bezeichnet mehrere Absatzkanäle zum Verkauf der Produkte.
- Eigene Geschäfte, Warenhäuser, Online-Shops, fremde Online-Verkaufsplattformen.
=> Beides wird angewandt, damit alle Angehörigen einer Zielgruppe angesprochen werden.

- **(2.4) Distributionspolitik[29].**
- Befasst sich mit dem Vertriebs der Produkte, also wie die hergestellten Produkte zu den Kunden kommen sollen.
- Dafür müssen Entscheidungen getroffen werden über
- Absatzweg (direkt oder indirekt).
- Absatzorgane / Distributionsorgane (eigene Filialen, Franchisenehmer, Handelsgewerbe).
- Distributionslogistik (Verfügbarkeitsniveau (überall, nur in Großstädten), Anzahl der

---

29 http://www.welt-der-bwl.de/Distributionspolitik

Verkaufsstellen, Anzahl der Lagerhallen).[30]

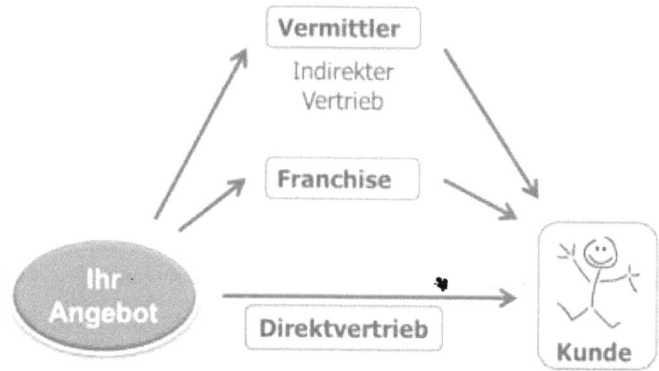

- **(2.4.1) Direkter Absatz.**
- ∘ Verkauf der Waren vom Hersteller direkt an den Endverbraucher.
- • Meist über eigene Vertriebsmitarbeiter, eigene Verkaufsstellen, Online Shops, Verkaufswägen (Bofrost) oder Verkaufspartys (Tupperparty).
- ∘ **Vorteile**: Unabhängigkeit, höhere Umsatzerlöse, direkter Kundenkontakt, Sicherstellung von Service und Fachberatung, genauere Absatzplanung, Steuerung und Kontrolle.
- ∘ Für Produkte, welche viele Menschen erreichen sollen, aber pro Kunde nur ein geringer Umsatz erzielt wird (Lebensmittel), sind indirekte Absatzwege üblich.
- ∘ **Business-to-Business-Geschäft**: Verkauf von Hersteller an anderes Unternehmen erfolgt immer direkt, da Hersteller Produkte am besten kennt und Preisverhandlungen erlaubt.

- **(2.4.2) Absatzmittler.**
- ∘ Handelsgewerbe agiert als Absatzmittler, da sie Waren von verschiedenen Herstellern an dem Ort bündeln, wo die Kunden sind.
- ∘ Handelsgewerbe ist rechtlich unabhängig und kauft bzw. verkauft Waren auf eigenes Risiko.

---

30 Image Source: https://www.fuer-gruender.de/fileadmin/_processed_/csm_Distributionspolitik_01_411129bfdd.png

- Handelsgewerbe verkauft oft aber zusätzlich noch selbst hergestellte Marken (Ja! von Rewe).

- **(2.4.3) Franchising.**
  - Gegen eine Gebühr stellt der Franchise-Geber dem Franchise-Nehmer ein bereits am Markt etabliertes Unternehmenskonzept mit zusätzlich Ausgangsrohstoffen und Erfahrungen zur Verfügung.
  - Unterstützung vom Franchise-Geber mindert Risiko des Franchise-Nehmers (im Vergleich zur eigenen Unternehmensgründung) und erlaubt das Sammeln von Erfahrungen.
  - Franchise-Geber ist mit seiner Marke lokal anwesend, steigert die Popularität und wenn Filiale nicht länger rentabel ist, muss der Franchise-Nehmer die Verluste tragen, was das Risiko des Gebers mindert.
  - → Auslandsfilialen werden erschwinglich und möglicherweise erfolgreicher (als mit ausländischen Arbeitskräften).

- **(2.4.4) Handelsvertreter.**
  - Handelsvertreter sind selbstständige Gewerbetreibende (§ 84 Abs. 1 Satz 1 HGB), welche im Namen des Unternehmens Geschäfte vermitteln und abwickeln.
  - Alternative zu eigenen, angestellten Vertriebsaußendienstmitarbeitern.
  - Werden von Herstellerunternehmen an den Markt geschickt um an diverse Handelsunternehmen Produkte zu verkaufen, Lieferanten zu finden o.ä..
  - Kein Ein- und Verkauf der Waren durch den Handelsvertreter, lediglich eine Vermittlung von Ver- und Einkäufer.

- **Cross Selling[31].**
  - Strategie des Marketings, bei welcher vorhandene Kundenbeziehungen für die Herstellung neuer Produkte berücksichtigt werden.
  - Bsp.: Weiß der PC-Hersteller, an welche Kunden er alles einen PC verkauft hat (direkter Absatz, direktes Marketing) kann er damit beginnen Drucker herzustellen,

---

31 http://wirtschaftslexikon.gabler.de/Definition/cross-selling.html

welche er den PC-Käufern anbietet, da er diese bereits kennt, die Kunden mit der Marke vertraut sind etc.

=> Kostengünstige Marketingstrategie.

- **Up Selling**[32].
  - Strategie, bei welcher versucht wird dem Kunden ein höherwertiges, meist teureres Produkt zu verkaufen, als dieser eigentlich beabsichtigt hat.
  - Online Shops zeigen automatisch höherwertige Produkte zu einem vergleichsweise geringem Preisaufschlag an, sodass der Kunde denkt, er habe ein Schnäppchen gemacht.
  - Up Selling wird auch bei Hotels (20 € Aufpreis für All-Inclusive) oder Autohäusern (500 € Aufpreis für Klimaanlage) genutzt.

(3) Werkzeuge der Positionierung.

- Bekannte Modelle zum Aufbau einer starken Marke sind der Identifikationsansatz nach Aacker, das Markensteuerrad von Esch und der Markendiamant von McKinsey.
  - **(1) Der Identitätsansatz nach Aacker.**
  - Markenidentität setzt sich aus Markenessenz, Kernidentität und erweiterter Markenidentität zusammen.
    - *Markenessenz* besitzt die wichtigsten, charakteristischen Merkmale der Marke.
    - *Erweitere Markenidentität* besitzt variable Merkmale.
  - Die Marke wird in vier verschiedenen Rollen betrachtet.
    - (1) *Als Produkt*: Betrachtung der Qualität, des Anwendungsbereiches, der Nutzungsmöglichkeiten, Eigenschaften, Herkunft und dem Verwender.
    - (2) *Als Organisation*: Auftritt des Unternehmens als eine Marke, aber dann beeinflussen Unternehmensereignisse die Marke erheblich (Steuerbetrug schadet der Marke).
    - (3) *Als Person*: Persönliche Beziehung zwischen Marke und Konsumenten analysieren und fördern.

---

32 http://www.welt-der-bwl.de/Up-Selling

- (4) *Als Symbol*: Symbole (Marlboro Cowboy) erhöhen den Wiedererkennungswert.
- Das Resultat wird eine <u>Identitätskrise</u> sein, da sich die einzelnen Bereiche teilweise überschneiden.
- **(2) Das Markensteuerrad von Esch.**
- Die Markenkompetenz ist das Zentrum aller Überlegungen im Marketingbereich.
  - Beinhaltet die essentiellen Markeneigenschaften sowie Herkunft, Markengeschichte, Markenstellung und Verweildauer auf dem Markt.
- Die Markenkompetenz ist eingebettet in vier Leitfragen.
  - **(1) Markentonalität (Wie bin ich?).**
    - Wahrnehmung der Marke durch eine Analyse der Markenpersönlichkeit.
    - Erlebnisse mit der Marke und die Beziehungsmerkmale sollen ermittelt und optimiert werden.
  - **(2) Markenbild (Wie trete ich auf?).**
    - Design, welches durch das sogenannte Corporate Design dargestellt wird, ist wichtig für die Reputation der Marke.
    - Design sollte unverkennbar sein und einen hohen Wiedererkennungswert aufweisen.
  - Gesamteindruck der Marke sollte stimmig sein (Kommunikation und Semantik der Werbung etc.).
  - **(3) Markenattribute (Über welche Eigenschaften verfüge ich?).**
    - Bekannte Eigenschaften des Unternehmens werden mit der Marke verknüpft.
    - Markenattribute erschließen den Nutzen eines Produktes.
  - **(4) Markennutzen (Was biete ich an?).**
    - Neben den Eigenschaften sollte man auch den Nutzen erläutern.
      → Funktionaler und psychologischer Nutzen der Werbung.
- **(3) Der Markendiamant von McKinsey.**
- Das Markenimage wird anhand der Assoziationen in vier Gruppen eingebettet.
  - **(1) Tangible Markenattribute.**
    - Eigenschaften einer Marke (häufig Sonderangebote) und deren Präsenz (saubere Verkaufsräume).

- **(2) Intangible Markenattribute.**
- Herkunft (Vertrauen und Zuverlässigkeit), Reputation (Tradition) und Persönlichkeitscharakteristika.
- **(3) Rationaler Markennutzen.**
- Geschäftsbeziehung (persönliche Kundenbetreuung), Geschäftsprozess (kaum Warteschlangen) und die Funktion der Marke (hohe Qualität).
- **(4) Emotionaler Markennutzen // psychologischer Zusatznutzen // emotionaler Nutzen.**
- Menschliche Beziehung wie Selbstverwirklichung und -darstellung sowie Imagetransfer.
- Marke für Preisbewusste, Marke für Modebewusste, bekannte Marke etc.
- **Wertorientierte Markenführung** steht im Vordergrund, fehlt der Marke eine Gruppe, so kann sich der Konsument nicht länger mit der Marke identifizieren.

BEI GRIN MACHT SICH IHR WISSEN BEZAHLT

- Wir veröffentlichen Ihre Hausarbeit,
  Bachelor- und Masterarbeit

- Ihr eigenes eBook und Buch -
  weltweit in allen wichtigen Shops

- Verdienen Sie an jedem Verkauf

Jetzt bei www.GRIN.com hochladen und kostenlos publizieren